José Vicente Tobar Arévalo.

RAPTUM

2019

Diseño de cubierta: José Vicente Tobar
Arévalo
Escritor: José Vicente Tobar Arévalo

Prólogo.
Por Jorge y Raul López.

Los seres humanos en algún momento de nuestras vidas renegamos o expresamos quejas por infortunios ya sea en nuestra mente o en voz alta, suele ser algo natural en nuestro ser, la verdadera riqueza de la humanidad se encuentra allí... en esos momentos difíciles esperando a ser descubiertos, lamentablemente los momentos difíciles amplían nuestra percepción sobre nuestras emociones, acciones y la administración de nuestro tiempo, son momentos que nos hacen recordar la fragilidad de nuestra vida, a quien amamos y a quien nunca nos gustaría perder, caemos en cuenta de que nada es seguro y todo es pasajero. Es un gusto compartir lo dichosos que somos de conocer a la familia de esta historia, creemos haber encontrado a gente extraordinaria en situaciones comunes y sin saberlo, mientras transcurría se convirtieron en personas a las que consideramos amigos leales y parte de nuestra familia.
Personas honorables, con corazones llenos de perdón y bondad.

En alusión al artífice de esta novela podemos decir que es la persona idónea para ilustrar su historia y la de las personas involucradas, conduciéndonos por algo genuino verdadero. No siendo deseable para nadie, pero podría ser la historia de cualquier persona, una narrativa que nos envolverá y podremos sentirnos identificados como personas reales y sentir que casi lo vivimos en carne propia mientras las comas guiones y letras se apoderan de nosotros. Puedo agregar al autor como alguien valiente que tomo fuerzas de donde no existían para llevar el mando de la situación en plena crisis, una persona con la plausible misión de exteriorizar su pasado con el fin de cambiar las cosas y sean mejores para personas que podrían pasar por lo mismo. Espero que tomes el tiempo necesario para leer lo que tienen que compartir contigo.

Siempre que pienso acerca de lo que pasó ese día, viene a mi mente esa ola de sentimientos que no dejan de dar vueltas y vueltas en la mente y memoria de todos los involucrados. Este tema es tan común en mi vida que siento que casi a diario tengo que hablar con alguien de esto y es realmente cansado tener que vivirlo de nuevo, no sé si es la malicia de la gente o solo soy yo quien insiste en contar la historia casi a diario, pero es y será siempre un tema de qué hablar, porque siento que la vida nos puso en esa situación por alguna razón en especial.

Era de noche y todos sabemos que las noches son oscuras, ¡pero es que esa noche tenía una oscuridad particular! Las luces del centro de la ciudad tenían una especie de movimiento, a pesar de su color cálido ese movimiento hacía que se vieran un poco más frías. Siendo la noche tan oscura, esas luces no eran suficientes para iluminar el suelo. Era noviembre, no había neblina, pero en el ambiente había una bruma casi imaginaria y casi, como si supiera lo que estaba pasando. El corazón no dejaba de palpitar con una fuerza diferente, no entendía lo que sucedía, de hecho no entendí nunca lo que sucedió, porque todo pasó demasiado rápido, todo era demasiado irreal, era una mezcla entre una realidad que se veía venir y una historia de ficción apocalíptica que estaba a punto de desencadenar una serie de eventos que iban a cambiar la vida de todos los que recordamos esa noche como la más difícil de nuestras vidas; había un clima de zozobra, pero debo aceptar que también sentía una seguridad que no podía entender, mi hermana pequeña estaba con un amigo, casualmente en el mismo teatro donde yo esperaba a mis padres, y me veía cada minuto como si también supiera que algo iba mal esa noche. Yo no sabía si ella tenía un mal presentimiento o solo era esa misma incertidumbre que veníamos sintiendo todos, que se mezclaba con ese clima particular de la noche en que todo sucedió…

En los últimos meses hubo muchísimas reuniones familiares, teníamos un restaurante que servía de centro de convergencia familiar y el tema siempre era el mismo, creo que de cierto modo los acontecimientos previos a esa noche nos dieron una clara pauta de lo que podría suceder; sin embargo, todo el mundo nos decía que era sumamente complicado que alguien tuviera el valor de llevar a cabo los actos cobardes de los que éramos testigos casi una vez por semana. Todos pensaban que cuando las múltiples denuncias presentadas hicieran el efecto esperado, ese hostigamiento por fin cesaría y que todo volvería a la normalidad tarde o temprano. La verdad, creo que todos sabíamos que las cosas no serían así y permanecimos indiferentes tratando de convencernos de que estábamos seguros y en total paz.

Recuerdo que cada cierto tiempo había noticias nuevas de alguien llamado *el Ardilla*. Un tipo de baja estatura con complejos de superioridad y evidentes traumas arraigados desde la infancia, portaba siempre con un orgullo casi enfermizo un arma vieja, despintada, que a simple vista parecía un arma de la que nadie podría fiarse demasiado y que en comparación con la complexión de su dueño era demasiado grande, pero era la perfecta combinación para la descuidada apariencia *del Ardilla*. Recuerdo que él tenía una voz grave que no iba con su estatura, creo que de cierta manera él mismo trataba de fingirla para no parecer tan pequeño o insignificante, comparado con el delincuente promedio que le exigía resaltar de algún modo su presencia. Cada vez que me contaban algo nuevo que había hecho en contra de mi familia, hasta podía ver su pequeño cuerpo abrigado con ropa de talla diferente a la suya, su cabeza grande pero vacía al igual que su ropa desgastada y esas orejas que igual que su arma no combinaban con su tamaño y su voz fingida, ordenando a sus secuaces que ejecutaran todos los planes que durante la noche anterior había pensado y repasado una y otra vez. Y es que ahora veo con más calma, él sí pensaba en la reacción que tendrían sus actos en nosotros, pero la verdad es que la mayoría de sus planes eran tan tontos, como la manera en la que dejó a su familia sola y desamparada, por perseguir una sombra y no cualquier sombra, era la sombra de su peor enemigo.

Coincidentemente su enemigo era mi mejor amigo, él era un tipo rudo con todo el mundo excepto conmigo; conmigo siempre fue blando, no amoroso, pero a juzgar por su manera de ser con los demás, sabía que yo tenía un lugar privilegiado en su corazón. Recuerdo que, a diferencia *del Ardilla*, mi abuelo usaba un arma brillante, de complexión grande y elegante, una presencia que cualquier persona envidiaría, porque al acercarse la gente lo veía y hablaba de él con asombro, y al marcharse, el tema de conversación seguía siendo él. Sus historias... unas ciertas y otras inventadas por la gente, un sombrero vaquero del color de las botas que siempre tenían un brillo especial, casi como el de las exóticas joyas que usaba y que hasta cierto punto, creo que era lo único que el Ardilla y mi abuelo tenían en común: la ostentosidad con la que portaban mi abuelo y el Ardilla, las joyas, su pistola.

A pesar de las diferencias, ellos en algún momento fueron *amigos* y tan repentina como fue su amistad fue su perpetua pelea y digo perpetua, porque mi abuelo se la llevó a la tumba, y así, el Ardilla sigue odiando todo lo que tenga que ver con su enemigo, incluyendo a mi familia que absolutamente nada tuvo que ver con todo lo que ellos pactaron o con los motivos por los cuales pelearon, y es que aquí todo gira en torno al dinero. Muchas personas me contaron que hacían negocios enormes que los aseguraban con un simple apretón de manos. Para ellos las firmas y los formalismos eran menos seguros que la palabra y de ahí que no se sabe qué se prometieron o qué fue lo que en realidad pasó, yo personalmente solo sé que desde que ellos cerraron ese último negocio, las cartas estaban echadas y los destinos de las familias de cada uno de ellos se marcaron para siempre.

Mi abuelo paterno y mi ejemplo en muchos aspectos de la vida, era el hombre más noble que yo conocí, pero también el tirano más cruel que pude imaginar que podría existir, jamás pude entender esa increíble capacidad de mezclar tanta piedad, nobleza y buen corazón con tanta maldad en su persona. Pude verlo en repetidas ocasiones solucionar problemas ajenos con más pasión con la que solucionaba los propios, pude verlo quitarse el abrigo y regalárselo a algún desafortunado que se estaba mojando en alguna calle, vi cómo daba cualquier cantidad de dinero a la familia de un enfermo, cómo ayudaba a muchas viudas, lo vi entregar casas nuevas a personas que las necesitaban, perdí la cuenta de los gastos funerarios que pagaba, y más perdida está la cuenta de las veces que lo vi dar 100 quetzales en forma de limosna a quien se la pedía.

Pero también debo reconocer que lo vi destruir a cualquiera que le hiciera daño a él o a cualquiera de nosotros, creo que al final de todo, a todos nos marca lo que vivimos de niños, pero en especial me llama la atención lo que la gente cuenta de la infancia de mi abuelo, porque él no hablaba de eso, pero las historias encajaban todas con su manera de ser y de interactuar con el mundo. Esa manera de defendernos creaba un clima mágico de seguridad, pero tan mágico que el día en que la muerte se lo llevó desapareció junto a él.

No creo en la magia, creo en el engaño y justo así, fue cómo mi abuelo nos tenía a todos, diciendo que nada nos pasaría, cuando en realidad bajo su manga lo único que había era el gran temor y el miedo que el Ardilla le tenía a mi abuelo, porque lo único que se necesitaba para que él viniera en nuestra contra era que mi abuelo ya no estuviera vivo, y así fue.

Pocas semanas pasaron para que el Ardilla buscará al heredero y por fin, sin el temor de ser menos poderoso que su enemigo y engrandecido por el séquito de delincuentes que lo rodeaban, cegado por la ira que le provocaba el saber que nunca logró vengarse del viejo, se atrevió a enfrentar a un tipo bueno, un tipo sin enemigos, poco acostumbrado a las peleas, en resumen, una persona quien el Ardilla creyó que tenía suficiente dinero para pagar lo que él creía que mi abuelo le debía. Cuando él murió, mi padre era el siguiente al mando y creo que en ese momento aquel tipo dolido, traumado, pero sobre todo con una maldad carente de una visión correcta de la realidad, se frotó las manos tal cual una ardilla y pensó *es mi momento.*

El odio y el rencor fueron forjando las bases de lo que yo llamo, *la noche oscura;* esa noche en la que la vida y la muerte lucharon hasta el cansancio, donde el bien y el mal chocaron con tanta fuerza hasta hoy; las secuelas de lo que sucedió aún sacuden las vidas de muchas familias, de muchos hijos, de muchas esposas, esposos, abuelos, tíos, hermanos, sobrinos nietos, pero sobre todo de muchos inocentes.

En fin, a partir de ese momento, empezaron a suceder cosas a las que ningún miembro de la familia estaba acostumbrado, sabíamos que había algunos problemas, pero casi nunca sabíamos de qué se trataba, como siempre que preguntábamos la respuesta era: *_no te preocupes todo está bajo control.* Todo parecía estar bien, pero no. Esta vez, nos tocaba a nosotros ser protagonistas y no espectadores de la guerra que se había desatado justo frente a nuestras narices, pero siempre vista desde lejos y casi como si no fuera también, en contra nuestra.

Empezaron las llamadas de amenaza, los anónimos, las visitas al negocio, donde la única constante era *la pregunta del millón cuatrocientos mil,* así le llamo yo y era ¿Cuándo le vas a pagar al patrón? Pregunta que siempre despertó la duda en mí ¿qué patrón?, ¿qué deuda? Nosotros no le debemos a nadie, nosotros somos personas que trabajamos todos los días y gracias a todas estas intimidaciones hasta nos cuesta tomar la diaria decisión de salir a hacer nuestras rutinas, el tema es que hasta este punto el famoso "patrón" era alguien a quien se suponía nosotros le debíamos dinero, pero ¿de qué? Y es que este tema de las extorsiones en mi país no es algo a lo que todos seamos ajenos ahora, pero en ese tiempo cuando las extorsiones no estaban de moda el hecho de que sonara el tu teléfono a mitad de la noche y que una voz masculina e intimidante le dijera a tu madre.

Decile al hijo de la gran puta de tu marido que si no le paga al patrón los vamos a matar a ustedes y a su familia. Era de cierta manera un preludio de lo que sería el futuro y no es que deseara que mataran a alguien, pero en realidad cuando alguien muere hasta ahí llega su sufrimiento, su vida, sus problemas, sus penas; en cambio cuando sucede algo como lo que sucedió *en la oscura noche*, todo cambia para siempre: el sol empieza a brillar de una manera diferente, el aire es un poco más pesado y respirar no resulta del todo fácil.

Hay cosas que damos por hecho, como la libertad de salir a cenar o cuando tienes un problema, simplemente salir de tu casa, caminar hasta un parque y al estar allí, respirar y pensar, todas estas son cosas que todos podemos hacer, pero que cuando sabes que tu vida corre peligro segundo a segundo, dejas de hacerlas, porque sí porque el único sitio donde te sientes seguro es el rincón más alejado de tu casa, pero ni siquiera allí, porque de repente… a mitad de la noche escuchas detonaciones de arma de fuego, muy cerca de ti, y al revisar te das cuenta que la ventana de la habitación donde tu hermana pequeña descansa tiene tres impactos, cuyas balas quizás fueron disparadas por las personas cuyas voces llamaban incansablemente a tu casa, a tu trabajo, a tu negocio, a los teléfonos móviles de tus padres y piensas, son los empleados *del patrón* cumpliendo todas las amenazas hechas por teléfono y por cartas mal escritas, carentes de caligrafía y ortografía como escritas por alguien cuya educación no fue suficiente para entender que hay un millón de formas honestas de ganar dinero.

Pero *el patrón* utilizó para que le sirviera de método de tortura, al vengarse de una familia que perdió la habilidad de distinguir entre un cohetillo y un disparo, una familia que no distingue entre la sensación de angustia que da la peor de las noticias y el timbre del teléfono, porque seguramente son los empleados *del patrón* volviendo a llamar para burlarse de las fechorías que te hicieron la vez anterior, parece ser que *el patrón y el ardilla* eran la misma persona, pero tal cual cobarde delincuente carente de identidad engañaba a la gente prometiéndole miles en efectivo cuando el hijo del viejo pagara "lo que debía", es realmente difícil salir de casa y decirle a tus seres amados: _Ya vengo. Cuando en realidad sabes que es muy posible que no vuelvas, es muy difícil decirle a tus hijos que todo está bien, cuando en realidad sabes que las cosas nunca estuvieron tan mal.

Quizá en ese punto fue cuando me di cuenta del por qué mi abuelo lo hacía y era para protegernos de nuestros pensamientos, aunque al morir él nos diéramos cuenta de la dimensión que este problema tenía.

La camisa azul

Los meses pasaron y las amenazas continuaban, pero recuerdo un día en especial, yo había salido a trabajar durante la mañana y cuando regresé a casa hallé un camino de sangre que me guío hasta el baño, mientras caminaba siguiendo el rastro sabía que el Ardilla tenía que ver con todo esto pero no dije nada, simplemente continué caminando entonces encontré una camisa azul tirada en el suelo, llena de sangre, en ese momento no sé de qué manera el tiempo empezó a transcurrir más lento y pensé: las amenazas son completamente ciertas, esta vez el hombre de la voz tenebrosa y de mala ortografía afinó su puntería y acertó al blanco.

No sabía qué tipo de arma habían utilizado pero tenía claro que el atentado había sido en contra de mi padre aunque no sabía la magnitud de lo que estaba a punto de ver sabía que era malo, no sabía qué tanto lo era, pasó por mi mente de todo, me pregunté si esta vez habían cumplido la amenaza de la granada, o la del cuchillo, o la del arma de fuego, sabía que la camisa era de mi papá, pero no tenía claro si mi papá había auxiliado a mi mamá o si había cargado herida a mi hermana y allí fue donde su camisa se llenó de sangre, no sabía si iba a encontrar un herido o un muerto, lo único que sabía es que había sido él, el patrón.

No sé cómo, pero tomé valor para entrar y allí vi parado a mi padre frente al espejo del baño con la ceja partida en dos y una herida de la que brotaba la mayor cantidad de sangre que había visto de una persona y entonces le pregunté ¿Qué pasó? A lo que él me respondió, _nada hijo, estoy bien, claro que estaba bien, comparado con las cosas que prometían hacernos en las llamadas, pero nada bien tomando en cuenta que ninguno de nosotros había visto la violencia desde tan cerca.

Recuerdo que encaminamos nuestros pasos hacia un hospital en donde suturaron la herida que para ese entonces me parecía brutal, quizá porque no tenía idea de la cantidad de heridas y sangre que me esperaba ver en el futuro. Luego fuimos a la estación de policía a denunciar el hecho y después de regreso a la casa, donde es costumbre tomar café a media tarde, mi padre relató la manera cobarde de proceder de los empleados del Ardilla. Contó que le atravesaron un vehículo a media calle y a plena luz del día, se bajó un hombre de baja estatura y le dijo, mientras le apuntaba con una pistola: _Esta es la última advertencia antes de matarte, si no le pagas al patrón. Acto seguido tomó el arma y, como sucede en las películas, lo golpeó con el mango del arma en la cabeza, para dejarle un recordatorio que pudiera ver el resto de su vida, entre la frente y la ceja como muestra de la violencia de la que podían ser capaces de ejercer, si sus demandas no eran cumplidas inmediatamente, no conformes con lo que habían hecho llamaron a mi papá y le dijeron lo mismo: que era la última advertencia antes de matar.

El sentimiento que una amenaza despierta en un ser humano es bastante difícil de explicar, es como una mezcla entre miedo, rencor, ganas de salir corriendo y echarte a llorar pero cuando las amenazas se materializan en un evento violento las cosas son mucho más difíciles de asimilar, es una sensación de incredulidad ante la realidad que tus ojos ven y que tu corazón no desea entender, pero lo más difícil es cuando sabes quién fue el que mandó a hacerte daño y no poder hacer más que confiar en un sistema de justicia, que a juzgar por los resultados, que obtiene un denunciante, es bastante incompetente y fácil de burlar, y si hay que confiar, porque es la única forma en la que todo esto puede parar, pero no para, no funciona.

Confías en la policía, pero luego aparece el Ardilla burlándose de la justicia y haciendo con sus manos una seña que indica un relajo enorme de papeles y diciendo: _así es el montón de denuncias que tengo en mi contra y que allí se van a quedar, porque no hay pruebas contra mí, si querés, yo mismo te acompaño a que denunciés los hechos que has vivido, porque para mí una denuncia no es más nada.

Después de las amenazas todo fue distinto, desde el hecho que yo llamo *la camisa azul*, ahí sí puedo decir que empezamos a conocer lo que la gente llama miedo, desde ese momento supimos que las amenazas no eran solo amenazas, sino promesas por cumplir, así que intimidados y de cierta forma coaccionados, mi padre empezó a pensar qué hacer para complacer al delincuente cuya ambición desmedida ya le había costado 4 puntos de sutura y un susto *que no se le desea a nadie*. Las acciones siguientes fueron reuniones con abogados para planificar la forma en la que íbamos a tratar de pagar la deuda que para nada era nuestra, pero que por moral y para defender el buen nombre de nuestro patriarca sentíamos que debíamos pagar, es que las deudas se pagan pero las propias, las que con pleno conocimiento adquieres, pero esta deuda era de alguien más y ni siquiera estábamos seguros de que en verdad existía.

La Maestra

Luego de un par de reuniones que se llevaron a cabo entre mi papá y el Ardilla en algunos bufetes jurídicos de la ciudad, se llegó al entendido de que se le cancelaría el total de la *deuda* con algunas propiedades con las que mi abuelo contaba que a través del esfuerzo y dedicación de una vida de trabajo logró conseguir; pensamos que esta historia terminaría, pero en realidad estaba a punto de empezar.

Resulta que en una de las reuniones y como era de esperarse, *el Ardilla* alardeando como siempre de su falso poder hizo alusión a la esposa de mi abuelo, como la maestra que no tenía dinero suficiente para comprar una propiedad, ya que el sueldo de una maestra es bastante bajo en este país, pero lo que el Ardilla no sabía es que esa maestra era heredera de una familia muy influyente y acomodada en nuestra ciudad y que en realidad todo lo que él pensaba que mi abuelo tenía efectivamente era de él, pero conseguido a través del capital de la familia de la maestra.

No podemos negar desde ningún punto de vista que el viejo tenía la capacidad de hacer dinero pero la base siempre fue el dinero de su esposa, esa maestra, que lejos de depender de su sueldo hacia obras de infraestructura pagadas de su bolsillo en la escuela para la que trabajaba, una maestra en cuyo entierro los estudiantes de aquella escuela hicieron honores fúnebres como muestra del profundo agradecimiento que sentían los padres de familia, personal docente y administrativo de dicha casa de estudios. En vida durante todos los años de labores llegaba a la escuela en su automóvil de lujo, siempre vestida a la moda con traje sastre a su medida, joyas de diseñador y un perfume que, quien la conoció seguramente con recordar a la seño Yoli, aún podría volver a sentir.

La maestra a la que el Ardilla se refirió en su momento como alguien a quien no podría llegar a parecerse en nada. Y quizás por su absurda visión de la vida, no se dio cuenta que de haber tenido la suerte de tener una maestra como ella en su niñez, quizás hubiera podido abrir su mente y entender que la vida es más que dinero y que no todo se resuelve con violencia e intolerancia quizás si el hombre de la voz tenebrosa, sí, aquel que escribía cartas amenazantes y con mala ortografía hubiera tenido una maestra como ella no hubiera sido mensajero del crimen, sino un maestro, que sí fuera capaz de comprar una propiedad o sin ir muy lejos tal vez se hubiera dedicado a algo menos denigrante, que acosar a las personas para que su patrón lograra sus oscuros objetivos o al menos hubiera tenido una mejor caligrafía, en fin… hay pocas labores tan nobles como la de los maestros, pero todo trabajo lo es si lo dignifica. Tenía que hacer alusión a la manera despectiva en la que este hombre se refirió a una maestra como alguien incapaz de tener ingresos suficientes para comprarse un inmueble; ciertamente se sabe que en mi país los sueldos de los educadores son bajos, pero lo que no que no han obtenido para sí, lo han logrado para la nación, educando a futuros, médicos, abogados, científicos, empresarios y hasta banqueros.

Al quedar acordado el pago, el Ardilla escogió las propiedades que mejor le convenían, todo iba viento en popa pero de pronto y para variar, el Ardilla dijo que no estaba dispuesto a pagar los impuestos que esas propiedades generarían ante el gobierno así que él exigía que se pusieran las propiedades por un valor mucho más bajo, eso ocasionaba un problema adicional, al colocarle un valor más bajo a las propiedades no era posible demostrar en el futuro que la *deuda* había sido liquidada en su totalidad, eso no suponía un problema para nuestro oscuro personaje ya que las piruetas para evadir impuestos eran su pan de cada día, sin embargo para nosotros significaba el cese de las negociaciones, puesto que si estás tratando con alguien capaz de mandar a dispararle a tu casa tienes la plena conciencia de que no es un tipo de quien te puedes fiar y es que de verdad ¿cómo cabe en la cabeza de alguien que vas a dar una cantidad de dinero "X" y en los papeles correspondientes dirá que diste una cantidad mucho menor?

En serio una maestra como aquella le hubiera venido muy bien en su niñez a este personaje; al menos yo tengo bastante claro que nuestros maestros juegan un papel muy importante en la vida de sus alumnos, todo empieza con cierta relación, amor-odio, porque son ellos los encargados de hacerte ver tus errores, en ese momento uno no lo entiende pero más adelante cuando las cuentas te salen a la primera, cuando te ascienden en el trabajo, cuando te suben el sueldo, cuando los negocios van hacia a delante, es porque te enseñaron tanto que podés hacer casi cualquier función dentro de tu negocio o simplemente cuando te da por escribir una historia que marcó tu vida y se te hace relativamente fácil, es allí donde te das cuenta que ser maestro no es un gran negocio, pero de verdad puedo jurar que sin ellos no habrían ni negocios, ni profesionales y ¡Dios mío que gran labor! Porque su único pago adicional es la alegría que les provoca ver cómo sus alumnos triunfaron y lo más impresionante es que disfrutan de esa alegría en completo silencio *¡verdaderamente es labor de un ángel la de los maestros!*

Realmente creo que este tipo si nos hizo daño, pero de cierta forma también nos enseñó bastante y desde ningún punto de vista le daré el título de maestro, las enseñanzas impartidas a través de tanta violencia también edifican. La otra noche escuchaba la historia del Papa Juan Pablo Segundo y al voltear a ver todo lo que sufrió durante su vida resulta que el sufrimiento esculpió; a mi criterio uno de los pensadores más destacados de este siglo (no soy religioso) pero los textos que escribió este hombre son realmente dignos de leer y heredar a nuestros hijos como una guía práctica para la vida, esa vida que según *el Ardilla* nos había arruinado con sus actos y nos arruinaría aún más con sus actos futuros ¡pero qué lejos estaba de arruinarnos la vida! más bien creo que de cierta forma nos hizo un gran favor.

Para entonces, mis padres estaban clausurando un negocio que tenían en el interior de un centro comercial de la ciudad, un poco por miedo y otro poco por desesperación, el punto es que después de tanta persecución, tantas llamadas y tantas preguntas sin contestar la opción más viable era clausurar el negocio, justo en esas fechas aparece una persona con la novedad de que le gustaría comprar el negocio y entre tristeza y alivio, la decisión final fue venderlo como si el negocio fuera el culpable de lo que nos sucedía, inocentemente pensamos que el hostigamiento terminaría, cuando realmente no era ni el negocio ni la ubicación donde estábamos, era la fijación del Ardilla en contra de nosotros y de todo lo que tuviera que ver con su enemigo el cual había muerto ya hacía más de un año.

El comensal

Cuando hablo del gran favor que nos hizo *el Ardilla* hablo de que la costumbre de la gente trabajadora es no darse por vencida y a pesar de todo lo que pasó en el negocio anterior decidimos empezar una nueva aventura de trabajo, abrimos un restaurante, el cual fue una idea que mi abuelito materno inició en otra ciudad de clima cálido y de donde es oriunda toda la familia de mi madre, esta idea atribuye su éxito a una serie de elementos entre los que destaca el sabor, la calidad y la atención pero sobre todo ese toque que te hace sentir en casa.

Luego de algunas pláticas con mi abuelo, mis padres decidieron que era el momento correcto de empezar de nuevo y traer esta idea a nuestra ciudad, llenos de sueños y de alegría inauguraron una nueva sucursal y con la consigna de no ver hacia a atrás empezaron a trabajar sin siquiera imaginar todo lo que iba a suceder unos cuantos meses adelante, justo en esas instalaciones donde habían dejado innumerables horas de trabajo y esfuerzo para hacer de ese lugar no solo un medio para subsistir, sino también una experiencia para los comensales y así era, todo aquel que iba a probar la comida de Mi Casita salía deleitado y con ganas de volver y así, fue como mucha gente empezó a llegar.

Recuerdo que era como siempre de noche había llovido durante la tarde, el piso de ladrillo del patio del restaurante estaba mojado y se sentía ese característico olor a tierra mojada, ese olor que evoca recuerdos de los inviernos felices, todos esos inviernos donde las preocupaciones más grandes eran jugar hasta que el sol cayera por el horizonte, ese horizonte donde se veía que el mundo no tenía límites, esa sensación de poder alcanzar todo lo que me propusiera, si… esa sensación que da el olor a tierra mojada.

Durante los meses anteriores llegó de todo tipo de personas, incluyendo a un tipo de complexión gruesa con *una santa muerte* tatuada en el brazo y con una mirada que trataba de imitar la mirada del personaje que tenía tatuado, y que orgullosamente mostraba, era un tipo de aspecto siniestro y su sola presencia cambiaba ese delicioso olor a tierra mojada por un olor casi infernal; para ese entonces nosotros lo único que sabíamos acerca de este personaje era que podría o no, ser el hombre de la voz tenebrosa y mala caligrafía, quizá sí, porque su voz coincidía exactamente con su apariencia general o quizá no, porque no se veía un tipo que tuviera tan mala ortografía como la que demostró en las cartas que enviaba, realmente era de ese tipo de persona que es tan misteriosa que nunca sabremos en realidad qué papel jugó en las acciones anteriores a su primera visita al restaurante, sin embargo esa fue la primera vez que bajo mi perspectiva entró en escena.

En realidad creo que siempre estuvo detrás de todo lo que sucedía, porque según los comentarios de la gente era el sicario de una banda, el encargado de los trabajos más sucios e imagino que por esa misma razón fue que apareció aquella noche en el negocio de mis padres, las personas que lo vieron, cuentan que recorrió atento todos los pasillos del lugar, con la mirada entre perdida y puesta sobre las orillas de las paredes como buscando algún artefacto que pudiera grabar su presencia. En ese momento a todos nos pareció bastante extraña su llegada y su manera de actuar, pero no tan extraños como sus ojos, cuya singularidad era evidente imposible de determinar si obedecía a alguna droga o a algún trastorno mental.

Lo que nosotros no sabíamos era lo que realmente tenía en su mente, quizá ni siquiera él mismo estaba seguro de lo que hacía. Resulta que su visita no era una visita cualquiera, él sí buscaba cámaras, pero también rutas de escape, contaba cuántas personas trabajaban en el restaurante, mientras creaba un mapa mental de todas las entradas y salidas del lugar donde algunos días después ejecutarían el plan maestro, ese plan en donde entrarían por la puerta principal secuestrarían a mi madre y huirían para luego obligar a mi padre a entregar cierta cantidad de dinero, también buscaba establecer el horario y el día más adecuado para que su plan tuviera el éxito que ellos deseaban.

Este no era el primer comensal extraño, el día trece de septiembre de ese año coincidentemente a las trece horas entraron al lugar dos vehículos cuyos tripulantes descendieron con cierta prisa y armados hasta los dientes; era aquel roedor de cabeza grande y voz grave, acompañado de su sequito de delincuentes que a juzgar por su apariencia tenían algunos días sin bañarse, quizá sus creencias esotéricas los obligaban a llegar ese día en ese horario y con esa actitud tan absurda, con ese aroma como a vagabundo que era una mezcla entre marihuana, licor y carencia de neuronas las cuales fueron brutalmente asesinadas antes de ingresar en aquel recinto donde trabajábamos a diario, al menos eso era lo que reflejaban sus ojos rojos, no sé si en ese momento mi juicio me jugó una mala pasada pero parecían bastante drogados; luego entraron como quien entra a la sala de su casa y tras acomodarse en un lugar del que podrían salir fácilmente, se sentaron.

El *Ardilla* y alguien que yo no conocía un tipo de baja estatura, pero un poco más fornido que su jefe, como todos los demás con un aspecto medio malvado, un poco más nervioso que el resto de delincuentes que habíamos conocido hasta el momento, un tipo que hasta el sol de hoy no sé ni siquiera si sabe hablar pues ese día se limitó a vernos como quien ve a su próxima víctima, la verdad es que se veía que estaba más asustado él que nosotros. Ese día el Ardilla dijo que si no le pagábamos, pronto vendería la deuda a unas personas que realmente eran malas "ellos no se tocan el alma para hacer daño y cobrar", mientras el resto de sus empleados tomaban posiciones estratégicas para repeler cualquier ataque y para salir de allí lo más rápido posible.

Por alguna razón esa vez no sentí miedo, más bien sentí un alivio al ver que por primera vez desde hacía mucho tiempo los que sentían miedo eran ellos, no sé por qué tal vez fue porque no existía ese ambiente tétrico y lleno de incertidumbre que había siempre que se trataba de él, me imagino que su llegada en viernes trece a las trece horas no había surtido el satánico resultado que el *Ardilla* esperaba ¡vaya tontarrón! Creer en esas cosas me hace pensar de nuevo en que le hubiera caído muy bien tener una buena maestra en primaria, para no atribuir el éxito de sus fechorías a cosas tan absurdas; tal vez en ocasiones anteriores le había funcionado, porque apenas unos días atrás habían llegado dos sujetos en motocicleta a dispararle al portón del restaurante, en lo que no pensaron es que el portón estaría abierto y no les había quedado más que disparar imaginariamente al portón y salir huyendo, cual ratas en una alcantarilla al sentirse asustadas, en este caso no asustadas por alguien, sino por su falta de inteligencia y planificación, supongo que al fallar tan absurdamente esta vez, tomaron la determinación de que en su siguiente acto cobarde la planificación sería vital, sin percatarse de que quizá lo único que necesitaban era no ir tan drogados.

Creo firmemente que al tomar la decisión de planificar el golpe fue cuando acudieron a aquel tipo del tatuaje de *la santa muerte* ¡vaya contratación! Buscaron lo peor, entre lo peor para este golpe, hoy sé de buena fuente que "El Bomba " era una especie de asesino a sueldo, el cual tenía un récord delictivo bastante largo, acusado de extorción, asalto, asesinato, amenazas, secuestros, violaciones y hasta tráfico y venta de estupefacientes ¡una joya! El punto es que después de que se retirara aquella noche, luego de hacer su labor de observación el plan por fin estaría listo, ellos sabían lo que harían y cómo lo harían justo después de entender con claridad todo lo que el Bomba había llegado a observar.

El abrigo negro

Como dije al principio yo estaba en el teatro, esperando el inicio de una comedia muy famosa en mi país, pero mientras yo llamaba a mi madre para que apresurara su marcha hacia el teatro, seguramente estos personajes estaban acechándola afuera del restaurante como hienas cobardes agrupándose alrededor de sus víctimas sin el valor suficiente de enfrentarse al tú por tú, en mismas condiciones de juego, provocando desventajas para el oponente. Entre la oscuridad quizá fumando aquella última dosis antes de ingresar a perpetrar el acto más cobarde del que he sido testigo hasta hoy; cada vez que yo llamaba, la angustia era más grande y la hora cero estaba a punto de llegar, recuerdo como si hubiera sido hace un minuto aquella última llamada donde esperaba que mi madre me dijera "ya estamos aquí" pero no, me contestó uno de los trabajadores del restaurante y con una voz casi disipada por el terror que se había apoderado de su cuerpo y su mente apenas logró decir "papaíto secuestraron a tu mamá y balearon a tu papá". Puedo decir sin temor a equivocarme que ese pequeño instante en que alguien te dice algo como eso podría matarte sin mayor dificultad, es que la mente se queda en blanco y no se escucha nada alrededor, tu cerebro bloquea todo movimiento, todo razonamiento y toda acción lógica, la adrenalina es la única que evita que el sujeto que sufre tal shock se desplome y caiga tendido ante la impotencia que se siente al saber que tu mundo acaba de caer en un agujero negro y es que en verdad estás en un estado inconsciente, pero a la vez, completamente capaz de sentir todo el dolor que le es posible sentir a un ser humano y lo más asombroso es que pasa en cuestión de segundos.

El siguiente recuerdo que tengo es que no me subí al auto, solamente empecé a correr como loco, con rumbo, pero sin dirección alguna, sabía a donde quería ir, pero no sabía cómo llegar, solo puedo decir que no sentía el cuerpo, solo corría y corría hacia el restaurante, esperando encontrar a mi padre muerto y recolectar los datos suficientes para alertar a la policía de lo que había sucedido. Después de una carrera de 5 cuadras que en verdad sentí que fue una maratón, al fin llegué al lugar de los hechos y lo primero que vi de nuevo fue un camino de sangre y esta vez a diferencia de aquélla donde encontré una camisa azul, encontré un abrigo negro, que meses atrás le había regalado a mi madre, tirado a la par de una fuente cuya iluminación colorida se veía tan gris que pensé que no había llegado al lugar de donde se habían llevado a mi madre, sino al lugar donde recibiría la peor noticia de mi vida.

Este siguiente párrafo relata la escena más desgarradora que mis ojos habían visto jamás, pero tal vez lo que yo vi no fue tan trágico como lo que en realidad estaba sucediendo, porque al ver ese abrigo tirado en el suelo brotó dentro de mí un calor que recorrió mi espalda y sentí una llama que se encendió alrededor de mi cabeza como si una fuerza casi paranormal se apoderara de mi mente y por ende de mis acciones y me proporcionó una fuerza que al parecer blindó mi corazón del dolor y de la pena que podría sentir, porque después de ese momento, mis actos fueron serenos y por primera vez desde aquella llamada puedo decir que utilicé de nuevo la lógica, sabía que lo que a continuación iba a ver era algo muy difícil; aproximadamente a 10 metros de donde mi papá estaba, se podía sentir ese olor característico de la sangre, ese olor entre óxido y carne viva que te da una idea de lo que hay cerca y es que la sangre para mi huele como a tragedia, o quizá es como lo asocio yo, porque desde que esta historia empezó ese olor estaba presente cada vez que estas personas cumplían una de sus amenazas.

No sé cómo y con qué valor, pero empecé a caminar y mientas caminaba aquel olor iba siendo cada vez más fuerte. Ya alguna vez había sentido olor a sangre, pero nunca había percibido ese olor con tanta intensidad, lo que me daba una pauta de que esta vez la sangre sería mucha. Mientras caminaba veía a todos los empleados del restaurante con una expresión como si estuvieran muertos tenían la piel de un color extraño casi blanca, no sé si era el ambiente el que les provocó que el rostro se les desencajara o era mi mente jugándome de nuevo una mala pasada, pero los veía deformes. Había un silencio casi mortal y al poner el primer pie dentro del lugar donde estaba mi padre comprobé que todo aquel olor realmente obedecía a una cantidad exagerada de sangre sobre la cual mi papá reposaba tirado pálido, con un rostro igualmente desencajado y una mirada angustiada y cómo no iba a estarlo sí habían secuestrado al amor de su vida y habían intentado acabar con él.

Recuerdo claramente que su única expresión verbal fue: llamá a tus tíos y ve a buscar a tu mamá, yo voy a estar bien. Claro que eso no era cierto, ¡no iba a estar bien! porque hay un punto del caos donde sabés que nada de lo que te pueda pasar a ti mismo, puede hacerte más daño de él que te podrían hacer, si lastiman a las personas que tú amás. En ese momento estoy seguro que mi padre pensaba que lo más importante era encontrar a mi madre y llevarla sana y salva a casa aun cuando él ya no pudiera estar para verla, porque él que ama se preocupa más por lo que siente su amado que por lo que siente por sí mismo.

Cuando alguien es sometido a tal cantidad de estrés los pensamientos se nublan, pero como expliqué antes, ese calor que recorrió mi cabeza hizo que tomara decisiones más acertadas y conscientes, así que ideé un plan para poner a salvo a las personas más importantes y de las que sí sabía su paradero con el objetivo de evitar más tragedias, el primer paso fue llevar a mi padre al hospital, pero justo en ese momento los Bomberos Voluntarios (una de las dos instituciones en este país que para mí funcionan adecuadamente, pero quizá la más admirable, porque no reciben financiamiento del gobierno y trabajan como su nombre bien lo dice: voluntariamente para el servicio de la comunidad) ya estaban listos para trasladarlo, luego lo subieron a una ambulancia roja y mientras recorría la mitad de la ciudad para llevar a mi padre al hospital me dijo "ve al restaurante de nuevo y asegúrate de que no se vayan a robar las cámaras porque allí están grabadas las caras de los que nos hicieron esto".

Así que mientras viajábamos a gran velocidad lo único que le pude decir fue (papi no cierres los ojos, lucha por vivir y yo me voy a encargar de todo, mientras llamaba a unos amigos de confianza para que se dirigieran a la casa de la madre de mi esposa, lugar donde estaban mis hijas y luego llamé a mi hermana para decirle que no saliera por ningún motivo de la casa de una tía que casualmente estaba en el mismo teatro y que la llevó allí para resguardarla.

Una vez seguras mi esposa, mis hijas y mi hermana no tuve más que hacer que dejar a mi padre en el hospital y salir en busca de mi madre, pero ¿cómo buscas a alguien a quien los peores delincuentes de la ciudad secuestraron para exigir un rescate? es obvio que no van a estar a la vuelta de la esquina, que van a buscar el lugar más recóndito posible para que a las autoridades les sea lo más difícil posible encontrarlos y justo allí es donde la segunda institución que a mi parecer funciona bien entró en escena, y es el Comando Antisecuestros de la Policía Nacional Civil, recibí una llamada de ellos donde una agente muy amable y de voz muy dulce me explicó punto por punto lo que haríamos a continuación.

Su primera indicación fue que debía respirar profundamente para luego preguntarme: si efectivamente yo deseaba que esto saliera bien, a lo que yo sin pensar respondí que sí, luego de hacer algunos ejercicios de respiración me preguntó: si yo conocía a las personas que posiblemente habían perpetrado el secuestro a lo que también sin pensar respondí que sí, ella muy calmada me dijo: ¿y quién es esa persona? yo respondí con el nombre verdadero y completo de "el Ardilla" sabía que ella estaba escribiendo en una computadora lo que yo le decía, porque bajo tanta presión creo que tus sentidos se agudizan al extremo de escuchar y ver cosas que jamás habías prestado atención, escuchaba claramente el tecleo y muchas voces al fondo como si ella estuviera alrededor de muchas personas, que estaban allí también para ayudar.

Luego me dijo: Ok señor Tobar, ¿ya le llamaron a usted o a algún miembro de su familia? mi respuesta fue que no. Luego ella exhaló con una expresión de alivio y me dijo que si me llamaban lo primero que harían seria provocar la mayor cantidad de miedo en mí para que les fuera fácil obtener el dinero que buscaban, así es que si por ejemplo: ellos piden 1 millón de quetzales, usted debe responder que solamente tiene mil quetzales en la mano. Yo sorprendido por esa petición pensé "es mi madre yo no tengo dinero suficiente para pagar por el rescate de un secuestro, pero vendería hasta mi última posesión y prestaría todo lo que fuera necesario para que estas personas devuelvan con bien a la mujer que me trajo a este mundo".

Mientras escribo estas letras pienso en la gran labor de estas dos instituciones, porque de verdad, en esos momentos tan difíciles de mi vida fueron muy importantes y casi puedo asegurar que les debo a ellos el aún tener hoy la oportunidad de contarles esta historia, sin más luto que sentimos todos los guatemaltecos al ver a nuestra patria sumida en la miseria, porque en realidad nadie de mi familia me fue arrebatado por la muerte en este doloroso evento. Luego de esto, la agente me preguntó si yo tenía batería suficiente en mi celular y si no era así que la máxima prioridad era encontrar un cargador luego de poner a cargar la batería de mi teléfono, me dijo que más miembros del comando iban en camino a donde yo estaba, me dijo que deseaba de todo corazón que mi madre volviera con bien y que de mí dependía en gran medida que así fuera. Me dijo también que estuviera pendiente de todo lo que sucediera a mí alrededor y que lo escribiera, para no olvidar ningún detalle para cuando los agentes de investigación criminal tomaran mi declaración y también me dio un número de teléfono para comunicarme directamente con ella.

Si ellos llamaban o algo sucedía me dio algunas otras indicaciones y colgó, al colgar aquel calor que recorría mi cabeza se convirtió en un violento escalofrío al recordar las indicaciones de mi padre acerca de las cámaras, pensando lo peor salí corriendo hacia el restaurante, al llegar y para mi buena suerte las cámaras y el equipo de grabación estaban en su lugar y los agentes de la división de investigación ya estaban allí, viendo los videos, así que la tranquilidad volvió y debo reconocer que no soy alguien muy creyente, pero sí creo en un Dios que nos ama y cuida sin ningún interés adicional que el corresponderle amando también a los demás, así que pensé que sería bueno encomendar a ese Dios la vida y el bienestar de mi mamá, sabía que solo un poder divino podría hacer que al estar en manos de las personas que más nos odiaban en el mundo y que mi madre pudiera volver con vida, así que casi involuntariamente coloqué mis rodillas en el piso y sin abrir los ojos solo pude decir: "Padre te suplico que nos devuelvas a mi mamá".

Debo reconocer que después de esa acción el calor de mi cabeza volvió y continúe haciendo lo que debía hacer; luego de ver los videos donde se observaba la brutalidad con la que se habían llevado a mi madre, casi arrastrada y despojándola de su ropa por la violencia con la que la tomaban para obligarla a ir con ellos. Los agentes tomaron la declaración de lo que había visto, la cual se parece mucho a lo que usted está leyendo desde el principio de esta historia.

El casco de hielo

Luego de dar mi declaración a las autoridades y elevar mi plegaría, no sé si fue la desesperación pero sentí como si alguien hubiera colocado en mi cabeza un casco de hielo, fue esa mezcla entre el calor que recorría mi cabeza y el frío del casco, lo que provocó escalofríos en mi espalda y una presión en mi pecho era la ira, pensamientos de venganza se apoderaron de mi mente y sólo podía pensar en hacer daño, la reacción humana siempre es pagar dolor con dolor y en ese momento me dispuse a dar paso a lo que deseaba; el lado más oscuro de mi personalidad, se llenó de toda clase de pensamientos, pensé que buscar al *Ardilla* y accionar el gatillo de mi arma con la mira apuntando hacia su rostro desfigurado por la paliza que planeaba darle antes de acabar con él; casi pude ver una animación en tercera dimensión del interior de mi arma, mi índice derecho halando del gatillo y los componentes internos, desencadenando la mecánica del arma, el percutor golpeando con fuerza el primer cartucho, la pólvora explotando con violencia e impulsando el proyectil de plomo por el cañón y viajando a cuatro veces la velocidad del sonido hasta impactar su objetivo y así sucesivamente, hasta que los quince cartuchos que soporta el cargador de mi arma estuvieran en el interior del cuerpo de él y de todas las personas que lo ayudaron a cometer esta barbarie.

El sólo hecho de pensarlo daba tregua a esa presión que sentía en el pecho, una presión que podría ser igualada solo por el peso de un autobús encima de mí y que evitaba que el aire entrara en mis pulmones, quizá esa imaginaria falta de oxígeno fue la que me hizo pensar tanta tontería, pero debo reconocer que de haberlo tenido enfrente no hubiera dudado un solo segundo en llevar a cabo ese plan, creo también al encomendar nuestras vidas a Dios, Él mismo permitió que sonara mi teléfono en ese preciso instante y que olvidara por completo todas aquellas ideas que tenía en la cabeza, pues lo que a continuación voy a describir fue quizá la cúspide de la tensión que viví esa noche.

El teléfono sonó, pero el sonido se detuvo casi por completo y aquel casco de hielo que tenía en la cabeza se rompió en mil pedazos, era una llamada proveniente de la funeraria que habíamos contratado para los servicios fúnebres de mis abuelos paternos y por un instante estuve seguro que… o la bala que mi padre tenía en la pierna había desangrado su cuerpo hasta provocarle la muerte o habían encontrado muerta a mi madre en algún lugar y me llamaban para autorizar a la funeraria para trasladarla a alguna morgue, el segundo timbre del teléfono me hizo pensar en que la muerte estaba ahí acariciando mi cuello y burlándose de mis planes de matar, sabía que ellos se me habían adelantado y entonces contesté la llamada, después de tantas malas noticias en una sola noche una más realmente ya no sorprende, pero esa noticia en particular sabía que sería la más trágica que recibiría, con temor a lo que iba a escuchar lleve lentamente el teléfono hacia mi oído y dije _aló… y respondieron: _José, acabo de ver en las noticias lo que les sucedió y quisiera saber cómo están.

Con la voz casi apagada respondí: _Pues, secuestraron a mi mamá y no estamos bien. Entonces ella dijo: _Deseo de corazón que la encuentren rápido y quiero que sepa que estoy para servirle a usted y a su familia. Solo dije: _Gracias. Y casi pude sentir cómo la sangre regresó a mi rostro con una sensación de comezón, los sonidos del alrededor volvieron a escucharse y colgué. ¡Nadie había muerto! Casualmente solo era una amiga de mi madre que trabajaba en la empresa funeraria y que tomó el teléfono de su trabajo y llamó para ofrecer su solidaridad.

En ese momento de angustia al sentir la muerte tan cerca me di cuenta que nada de lo que yo hiciera en contra de las personas que tenían a mi mamá me garantizaba que volvería a verla con vida, entendí que toda acción tiene una consecuencia y que el castigo para ellos no sería de mi mano, sino de mano de la justicia, aunque en mi país no es algo de lo que se pueda confiar.

Buenas nuevas

El sólo hecho de pensar que estaba a punto de recibir la peor noticia de la noche y que fuera una falsa alarma provoca un sentimiento de falso alivio pero a la vez te predispone a que las siguientes noticias podrían ser peores que todas las anteriores, en mi caso particular esa falsa alarma marcó el descenso de la tensión provocada por la situación. A pesar de que no sabía nada de mi madre el calor de la gente que te aprecia, el apoyo y la presencia de la familia y esa seguridad que provee la fe con la que elevas una petición al cielo hacen que el clima deje de ser tan incierto como al principio, recibí un sinfín de llamadas de aliento esa noche. Todos los agentes de la policía que estaban en el lugar de los hechos me brindaban una sonrisa como muestra de su apoyo, los fiscales del Ministerio Público a cargo del secuestro y todas las denuncias puestas con anterioridad estaban allí revisando grabaciones y recolectando evidencias físicas. El olor a sangre era casi insoportable, pues no solo mi papá había sido agredido, todos los meseros del restaurante habían sido brutalmente golpeados al punto de la desfiguración, las personas que estaban con mi hermana, esposa e hijas llamaban a cada cierto tiempo para estar al tanto de lo que sucedía, creo que las buenas nuevas de esa noche fueron todas esas personas que nos ayudaron, pero quiero agradecer profundamente a algunas en especial, porque cuando ayudas a una familia que está bajo ataque, corres el riesgo de que los malhechores vuelvan con más fuerza y que al interponerte corras con la misma suerte; así que, al padre y su hijo que se quedaron al cuidado de mi padre en el hospital: ¡Gracias! A la tía que transportó a mi hermana a un lugar seguro y a la tía que abrió las puertas de su casa para resguardarla: ¡Gracias! A los amigos que se quedaron toda la noche cuidando la entrada del lugar donde estaban mi esposa y mis hijas: ¡Gracias! A los vecinos que recibieron a mi madre cuando regresó a casa: ¡Gracias! A todos los agentes colaboradores del Ministerio Público, Policía Nacional Civil, Bomberos Voluntarios, colaboradores del Hospital Regional de Occidente y Comando Antisecuestros: ¡Gracias! A todas las personas que no puedo mencionar y que me ayudaron esa noche: ¡Gracias!

En cierto momento de la noche los radios de las patrullas que estaban en el patio del lugar de los hechos, reportaron que una señora con las mismas características de mi madre había aparecido con visibles señales de violencia en una de las calles de la ciudad, yo le pedí a uno de los policías que estaban allí, que me llevara al lugar y pensé ¡al fin apareció! Pero realmente dentro de mí sabía que eso no sería así, al llegar al lugar donde estaba la señora la vi de espaldas y entonces estuve cien por ciento seguro de que al fin había aparecido, corrí como si fuera a alcanzar el mismo cielo y la abracé, pero en el mismo instante que la tuve en mis brazos, sentí su olor y supe que no era ella, era una persona que había desparecido de su casa hacía unos minutos y que solamente había armado un teatro, para llamar la atención de las autoridades, diciendo que la habían secuestrado, esa falsa alarma en serio hizo que mi corazón ya no identificara ninguna noticia como positiva y volví al restaurante.

Entre planes de rescate y estrategias para recuperar a mi mamá sonó mi teléfono de nuevo esa última noticia que yo recibí aquella noche aún la recuerdo claramente, fue una llamada de mi hermana en la que solamente dijo: _José, mi mamá ya apareció, está en la casa. Fue la mejor de las noticias, porque después de pensar que estuvo en manos de gente mala, pensar que estuvo muerta, después de no saber cómo la habían tratado los delincuentes, de no saber nada, al fin tener una noticia buena, fue increíble. Al colgar, avisé a todas las personas que estaban alrededor y fue como una estampida de policías, amigos, familiares, todos abordando una cantidad impresionante de vehículos y tan impresionante, como la cantidad de vehículos y gente, era la cantidad de armas, todos rumbo a mi casa, a constatar que la noticia fuera cierta y entonces llegué. Había tanta gente, que no podía llegar hasta donde estaba mi madre y con la mirada puesta en el cielo, pero sin poder verlo claramente por las lágrimas que salían de mis ojos, agradecí a Dios, porque sabía que mis súplicas habían sido escuchadas.

Corrí y abracé a mi madre, ese y el momento en el que nacieron mis hijas puedo decir, sin temor a equivocarme, que fueron los mejores de toda mi vida, a pesar de que la vi golpeada, maltratada, sucia y con signos de tortura realmente me sentí feliz de poder volver a ver sus ojos, de volver a tocar su pelo, de volver a sentir un abrazo de la mujer que me trajo al mundo.

Desde ese momento en adelante todas fueron buenas nuevas, mi padre aún con miedo y con la pierna destrozada por la bala que el *Bomba* le había disparado salió del hospital, contraindicado pero consciente, adolorido pero animado por el afán de ver a mi madre, el miedo era un sentimiento del que aún no podíamos desprendernos, pero la alegría de poder estar juntos todos de nuevo nos daba la certeza de que todo estaba saliendo bien.

Las víctimas

En un secuestro para la ley hay una o varias víctimas y uno o varios victimarios, pero yo creo firmemente que las víctimas de un secuestro son muchas más y son muchos lugares donde se vive un secuestro, este en particular, las víctimas fueron todos los miembros de mi familia, pero creo que también las familias de los victimarios, porque al día de hoy veo cómo tienen que limitar sus acciones al invocar al mismo Dios al que encomendé el bienestar de mi madre para que les permita ver una vez más libre a sus seres queridos y hacer lo que la ley les permite hacer para defenderlos, aunque todos sabemos que es una acción indefendible la que cometieron en contra nuestra.

Desde *la oscura noche* nada volvió a ser igual para ninguno de nosotros, ese fue el punto máximo de nuestro sufrimiento pero para todos ellos el sufrimiento estaba a punto de empezar. En cierta oportunidad pasé por el Centro de Detención Preventiva en donde hasta la fecha guardan prisión los sindicados del secuestro y vi a una niña con un vestido azul y una blusa blanca, haciendo fila para entrar al lugar, tenía una mirada triste, podía ver en la posición de su cabeza que tiene una pena muy grande en el alma, como si el dolor que sentía la obligara a inclinarla hacia la izquierda por la falta que le hace su padre todos los días, y creo que aunque alguien sea el peor delincuente del mundo tiene sentimientos nobles hacia los miembros de su familia, me imagino que este hombre por malvado que haya sido con nosotros fue bueno con sus hijos, prueba de ello es que esa niña estaba haciendo una fila de más de 40 personas bajo el sol con una bolsa plástica que seguramente llevaba alimentos para aquel hombre que fue bueno con ella en su niñez; si era la hija del Ardilla, creo sinceramente que ella al igual que mi madre fueron las personas que más sufrieron en todo esto, en verdad es impactante ver el rostro de esa niña, tiene exactamente la misma expresión que teníamos nosotros cuando no sabíamos qué pasaría con nuestras vidas y conozco bien esa expresión porque la veía todos los días en el espejo y se la veía también a toda mi familia.

Yo no puedo contar esta historia más que desde mi propio punto de vista, pero cada vez que hablo con alguien cercano a mí me doy cuenta que a todos nos golpeó con gran fuerza lo que sucedió aquella noche, por ejemplo uno de los hombres que más admiro en este mundo es mi abuelo materno, un hombre que para mí es una de las pocas personas justas que conozco, un hombre recio de apariencia de personalidad y de carácter fuerte, pero en verdad noble de sentimientos y de actuar, con todo y esa apariencia fuerte cuentan las personas que lo vieron esa noche que estaba durmiendo cuando el mismo colaborador del restaurante que me dio a mí la mala noticia le llamó a él y le dijo lo mismo "se llevaron a su hija y le dispararon a su yerno".

Luego con la misma expresión de dolor que trato de describirles líneas atrás, se sentó en el sillón de la sala de su casa y con la piel casi transparente por la noticia no tuvo más que quedarse allí esperando lo peor. Mi abuelo tiene una filosofía de vida digna de admirar, pero estoy seguro que en ese momento no había nada más en su mente que pensar en cómo poder recuperar a su hija y es que cuando estás en esa situación todos carecemos de filosofías, son los instintos humanos más elementales los que salen de donde estaban guardados y son los que te hacen actuar. Cada quien recibió la noticia de manera diferente, algunos de manera diligente, se pusieron manos a la obra a buscar a mi madre y otros muy acertadamente me llamaron para darme un consejo todos sufrimos por igual pero hay comportamientos que me llamaron mucho la atención. Tengo un tío político que me llamó y juro que por más que trato de recordar qué fue lo que me dijo no lo consigo, solo sé que sus palabras me sirvieron de guía y hago alusión a esa llamada, porque realmente era de quien menos esperaba un consejo en esa situación, y no es que él no sea sabio, pero es una persona con educación militar y hasta cierto punto un poco frío para demostrar sus sentimientos, pero debo reconocer que su llamada me hizo sentir muy seguro, así que creo que incluso los miembros de mi familia que no llevan mi sangre también fueron víctimas de esto.

Podemos hablar de víctimas y creo que podría escribir un libro acerca de este tema, pero quiero aprovechar que en este momento tengo el favor de su atención para manifestarme en contra del sistema de justicia de mi país, si bien es cierto que aquellas dos instituciones que mencioné anteriormente funcionan muy bien, debo reconocer también que el Organismo Judicial deja mucho que desear en el despeño de las labores para las que fue creado. En este país todos los días hay víctimas y no solo de secuestros, también de asaltos, violaciones, muertes, extorsiones y mucho más. Aquí se vive todos los días un clima de inseguridad que realmente carcome las entrañas de esta nación, aquí todos los días hay crímenes pero no todos los días hay condenas y creo firmemente que si no hacemos algo para mejorar el sistema de justicia esto no va a parar hasta convertirse en una guerra de la que no podremos salir bien librados.

Nosotros corrimos con mucha suerte al no tener que enterrar a ningún familiar muerto a manos de la delincuencia pero esa no es la historia de todos, aquí todos los días hay historias con finales trágicos hay muchas historias de niños que se quedan huérfanos, de esposas que se quedan viudas, de madres que pierden a sus hijos y así, todos los días hay un drama humano. Yo pensé que nuestra historia debía ser contada pero como está hay muchas historias desgarradoras que solo son contadas en los noticieros y que a pesar de tener un final más triste que el nuestro ni siquiera se obtiene una condena para los delincuentes que tanto nos roban todos los días la tranquilidad, paz, libertad y hasta la vida…

Retomando el tema de *la oscura noche* la víctima suprema de todo esto fue mi madre, esta obra es un relato de lo que yo viví pero desde mi perspectiva, así que creí conveniente obtener un relato de boca de mi madre, para lograr contar la historia desde el punto de vista de la persona que vivió en carne propia el horror del secuestro, la angustia de estar cautiva y el dolor físico y metal que sus captores le provocaron.

El Relato

Pues no sé, la verdad no sé cómo empezar, no es fácil empezar a hablar de esto y tengo bloqueada la mente cuando hay algo dentro de ti que te causó tanto dolor es muy difícil encontrar palabras para describirlo.

Era la noche del 16 de noviembre de 2016. Más o menos, las 7 de la noche, cuando vi entrar por la puerta a un hombre de cabello blanco acompañado de una mujer, vestida y maquillada de forma extravagante a juzgar por la apariencia general de los dos no parecían ser comensales normales. Efectivamente ellos llegaron y ordenaron una hamburguesa que nunca se comieron pero ellos no estaban allí para comer sino para colaborar con el secuestro, su misión consistía en vigilar y ver cuántas personas estaban conmigo y si había alguien armado. Me veían de pies a cabeza y yo me sentí muy incómoda por su mirada pero jamás imaginé que sus miradas obedecían al oscuro ejercicio de acorralarme con ventaja para que el secuestro fuera más fácil.

El hombre parecía dictar mensajes a la chica que con tal obediencia los hizo llegar a su destino. Se notaban nerviosos, hablaban en secreto y miraban ansiosos a la puerta, cuando de pronto escuché voces y gritos casi al mismo tiempo en que vi cruzar frente a mí a un hombre con gorro pasamontañas gritando: _ ¡Arriba las manos! ¡Hoy sí se los llevó a todos la gran puta…! y detrás de él varios hombres más con gorros pasamontañas, a excepción de uno que solo llevaba un sudadero con capuchón, al cual le pude ver el rostro tan cerca. Es como si esa escena se hubiera tatuado en mi mente, me basta cerrar los ojos para volver a ver su mirada llena de odio y todavía retumban en mis oídos las palabras dirigidas a tu papi. _ ¡Venimos por vos, maldito hijo de puta… no quisiste pagarle *al Patrón*, ahora sí atenete a las consecuencias! Lo tuve frente a mí y no podía expresar más que estas palabras: _ ¡No por favor, no por favor, no se lo lleven!

Mientras los demás golpeaban sin piedad a los empleados del restaurante, entre los gritos escuché el disparo, aún no entendía lo que estaba pasando, solo les suplicaba que no se lo llevaran, ignorando que a quien se llevarían sería a mí. Después de escuchar el disparo no supe más de tu papi. A tiempo este tipo del rostro descubierto, que ya tenía grabado en mi mente me tiró al suelo me dio una patada y con palabras vulgares me dijo que al hijo de p… de mi marido ya no se lo podían llevar y que me llevarían solo a mí. Estando en el piso no recibía más que patadas y pude ver cómo la sangre corría por el piso. Los meseros fueron brutalmente heridos y sangraban mucho. Cada vez los gritos eran más fuertes. Yo seguía sin entender lo que estaba pasando. El mismo tipo que me tiró al piso con ayuda de otro me sacaron arrastrada por el corredor hacia el parqueo. Ellos también estaban nerviosos, y no iba a darles la oportunidad de lastimarme más, así que pensé colaborar como ellos me lo pedían. Me dejaron por un momento mientras ellos discutían con quienes estaban en el parqueo, escuché que no arrancaba el carro y de nuevo empezaron las peleas entre ellos culpándose uno a otro por la falta de gasolina del carro en donde iban a llevarme regresaron a donde estaban todos los demás incluyendo a tu papá.

Para entonces yo no sabía el efecto que había causado el disparo no sabía si el amor de mi vida estaba muerto luchando por su vida o si había salido de este mal momento. Mientras me dejaron en el piso del parqueo intenté levantarme, pero los golpes recibidos no me lo permitieron, seguía ahí presa de la incertidumbre tratando de ver todo lo que pasaba a mi alrededor.

El tiempo tirada en el empedrado del parqueo me permitió dirigir la vista al cielo y sincera como nunca antes, hablé con mi Señor y muy segura de que me escuchaba, le pedí fuerzas para enfrentar lo que venía, le pedí que no abandonara a tu papá, que lo ayudara a luchar por su vida o en caso ya estuviera perdida, le supliqué ayuda y fortaleza para ti y tu hermana, sólo de esta manera ustedes podrían enfrentar la muerte de su padre y la incertidumbre de la ausencia de su madre, le ofrecí aceptar con humildad su voluntad al mismo tiempo que le pedía que me ayudara a cumplirla de la mejor manera.

Seguían los gritos, las peleas, iban y venían, de nuevo se acercaron a mí y me llevaron del lugar. Al estar dentro del picop en donde me llevaban, me cubrieron el rostro con un sudadero, fue entonces cuando comprendí que de ese momento en adelante mi vida estaría en peligro, por un momento me sentí realmente sola y amenazada en medio de tanto delincuente, pero con la certeza de que mi oración había sido escuchada y aceptada, el miedo se esfumó y mis sentidos y mente empezaron a trabajar; hice un mapa mental de las calles cercanas al restaurante y la posible ruta que usarían los delincuentes para huir conmigo a bordo, escuché con atención cada una de las cosas que hablaban y a quienes mencionaban mientras guardaba en mi mente los nombres que mencionaban y el tono de las voces.

El trayecto al lugar era cada vez más rápido y yo cada vez con más temor de lo que podría pasarme, las dudas eran cada vez más grandes sobre si podría volver a ver a mi gente o más bien si ellos podrían una vez más verme viva o si la próxima vez que me vieran sería en un ataúd. Las cosas parecían cada vez más difíciles para mí, atada de pies y manos y con los ojos vendados fui sometida a golpes fuertes a todo tipo de tortura y un gran interrogatorio. Entre maltrato físico y verbal, por un momento parecía que el tiempo se había detenido; cesaron los gritos, las preguntas, los malos tratos y solo el cantar de los gallos y el ladrido de unos perros me hacían compañía pero pronto regresó la angustia y de nuevo las voces aterradoras, pero esta vez con una propuesta de negociación, me dejaban en libertad a cambio de decir las cosas a conveniencia de ellos, de borrar la grabación de las cámaras y de decirle a las autoridades que todo fue un error.

Después de hacerme repetir la lección que debía decir frente a la policía y bajo la amenaza que si no cumplía con mi parte del trato uno a uno frente a mí, matarían a mis hijos no ahora, si no en un tiempo cuando las autoridades ya se les hubieran olvidado todo lo sucedido y no pudieran relacionarlos. Así, bajo tratos falsos y amenazas me llevaron al lugar en donde me darían libertad, con instrucciones precisas de no quitarme la cinta con pegamento que cegaba mis ojos, antes que ellos pudieran desaparecer del lugar, de donde debería manejar directamente hasta mi casa por ningún motivo debía desviarme a otra parte en caso contrario, dos personas estarían vigilándome y siguiéndome en motos para asegurarse de que cumpliera con la orden. ¡Por fin llegó el momento que más de una vez creí que no llegaría! ¡Estaba a salvo! Abandonada en una calle totalmente oscura, sola y frente a mí, en lo alto… solo había un hermoso lucero, que con tan solo verlo me hizo agradecer por una oportunidad más de vida, me sentí como si hubiera vuelto a nacer.

Adolorida a más no poder, di unos pasos hasta donde estaba el auto que debía manejar con rumbo a mi casa, no tenía la menor idea de dónde estaba, solo podía ver ese hermoso lucero en el cielo y escuchar las hojas de unos árboles que se movían con el viento frío de noviembre. No sabía cómo, solo sabía que tenía que salir de allí. Así que como pude empecé a manejar sin rumbo a donde el camino me llevara, me invadían muchos sentimientos pero prevalecía el agradecimiento inmenso por estar viva porque pronto toda mi familia tendría noticias sobre mí ¡y serían buenas!

Con mucho dolor pero con muchas ganas de verlos manejé hasta donde por fin pude ubicar el lugar donde estaba sabía que no era muy lejos salí a una carretera y seguí la vía, al poco tiempo manejando pude identificar con total seguridad el lugar donde estaba, decidí seguir sin voltear pero me ganó la duda y al verificar en el espejo en efecto dos motos estaban siempre detrás de mí, el hecho de constatar la presencia de estas personas no dejó de darme un poco de nervios y angustia seguí las instrucciones y llegué hasta mi casa lugar donde por fin pude abrazar a mi gente y por primera vez desde que todo esto empezó me sentí realmente protegida allí estaban todas las personas que me aman y media policía de la ciudad esperándome, en realidad desde ese momento a la fecha fue cuando empezó verdaderamente la tortura, innumerables audiencias y verlos a cada cierto tiempo realmente sigue robando mi paz con la misma fuerza con la que un día ellos robaron mi libertad.

El escondite

A la mañana siguiente de *la oscura noche* cualquier persona creería que todo estaba bajo control, medio departamento de policía seguía en la casa y en el restaurante recolectando la evidencia que aún podían conseguir con la luz del día. Pero había algo con lo que la policía no contaba y es que las amenazas que dieron los secuestradores a mi madre habían sido muy claras, si no se les daba el dinero y se les devolvía el carro que ellos habían dejado en el restaurante por causa de su torpeza, ellos cumplirían con matarnos a nosotros delante de ella y luego a ella.

De nuevo no sabíamos hacia dónde ir, no sabíamos qué hacer, la policía estaría en nuestra casa por unas horas más pero en unos momentos se marcharían de allí. Recuerdo que toda la noche estuvimos sin dormir aún con la felicidad de que mi madre estaba de regreso las expectativas de vida y libertad no eran muy altas ya sabíamos de lo que estos sujetos eras capaces y retar de nuevo al demonio que ellos llevan dentro permaneciendo en nuestra casa no resultó ser la mejor de las ideas, así que decidimos ir por mi padre al hospital y emprender un nuevo viaje hacia lo desconocido.

Como si no fuera suficiente todo lo vivido la noche anterior debíamos tomar la decisión de dejar nuestra casa, nuestros amigos, nuestra gente, nuestros recuerdos así que ¡a empacar! Todos tomamos una maleta y lo básico para echar en ella, un par de mudadas cargadores de teléfono, computadores y posesiones de valor, sabíamos que nosotros éramos las víctimas, pero en ese momento me sentí como si yo fuera el delincuente mientras me preparaba para huir como si fuera mi culpa todo lo que había sucedido. Esa misma tarde mis padres por solicitud de la policía fueron a una revisión médica, para determinar la gravedad de sus lesiones y sorprendentemente el resultado fue que tenía algunas lesiones leves. ¡Por favor! ¿Lesiones leves un disparo? Es que de verdad que hay cosas de las leyes de mi país que me decepcionan y quizá no son las leyes, sino quienes las ejecutan, los que tienen la culpa de que este tipo de situaciones se den, yo creo que ningún médico en ninguna parte del mundo va a tomar un disparo en la pierna como una "lesión leve", pero esto nos daba una pauta de todo lo que nos esperaba durante la búsqueda de justicia a la que estábamos a punto de enfrentarnos.

Pasaron los días y los golpes de mis padres fueron sanando poco a poco, los moretones y heridas cortantes fueron cicatrizando pero hay un tipo de heridas que son muy difíciles de sanar son las heridas que te hacen en el corazón ese tipo de herida que mientras más tiempo pasa más duele, aparte de estar adoloridos físicamente, las emociones vividas en los dos meses siguientes fueron contribuyendo para un colapso casi total de nuestra familia, pues por el temor de salir a la calle debíamos permanecer encerrados en un lugar alejado de la civilización con poca señal de teléfono y sin internet, era un lugar de clima cálido pero para quien vivió toda su vida en un clima frío esa calidez resulta un calor casi infernal, los bichos eran los únicos felices en esta historia, porque se daban festines diarios a costa de nuestra sangre, los piquetes en nuestra piel eran realmente incontables, porque todos los días nos picaba un nuevo insecto, dormir con tanto calor es ya bastante complicado, pero más todavía si tu mente está completamente ocupada, pensando en todas las formas en las que *el Ardilla* podría cumplir sus amenazas y de tanto pensar en eso los sueños continúan torturándote cuando duermes solo para despertar cansado y repetir el ciclo.

Así fueron todos esos días, levantarse pensar que lo que pasó y lo que ellos prometieron que pasaría, discutir el tema durante todas las comidas, intentar dormir a medias y lo único que no era repetitivo era la dimensión del cansancio porque cada día aumentaba desproporcionadamente ya que el descanso era casi nulo.

Las noticias no eran buenas ni malas hasta una mañana en que sonaron nuestros teléfonos casi al mismo tiempo, era una tía que nos contó que *el Bomba* andaba cerca del lugar en donde estábamos escondidos. Nunca fui un hombre miedoso, pero debo reconocer que nunca me habían hecho tanto daño y el simple hecho de saber que de nuevo estos personajes se encontraban cerca era motivo suficiente para que el miedo invadiera mi mente. En verdad el miedo es el peor sentimiento que hay y si lo mezclas con un toque de impotencia al no poder hacer más que esconderte resulta en una sensación casi de locura no encuentro otra forma de describirlo.

Creo que por esa razón mis abuelos maternos decidieron ir por nosotros y llevarnos a una playa y al contemplar la inmensidad del mar pensé que estaba un poco más a salvo, quizá porque había estado encerrado en un lugar cuyo terreno era inmenso pero la casa muy pequeña. Por primera vez desde *la oscura noche* me sentí libre corrí por la playa descalzo, como si no hubiera mañana y los recuerdos tristes realmente no tenían cabida porque la brisa del mar refrescaba mi alma de tanta pena, solo éramos el océano estruendoso e infinito y las gaviotas sobrevolaban mis anhelos de volver a ser feliz y yo; de pronto el paisaje perfecto se tornó completamente gris, las gaviotas en mi mente se convirtieron en cuervos y el ruido del mar se convirtió en voces que se burlaban de mí a causa de una llamada que entraba en mi teléfono y respondí "aló" a lo que una voz masculina y grosera respondió: _ ¿Querés que volvamos a levantarnos a tu madre? (refiriéndose a secuestrarla de nuevo en el lenguaje coloquial guatemalteco), o ¿Querés que le saquemos las tripas a tu mujer con todo el güiro que lleva adentro? (refiriéndose a extraer las vísceras de mi esposa y sacar el niño que ellos creían que mi esposa tenía en el vientre).

Pues como todo delincuente en decadencia no había averiguado que mi hija ya había nacido, luego dijo con voz sobre exaltada: _ Decile a tu papá que si no paga vamos a llevarnos a tu mamá y ahora sí no vamos a fallar y a todos ustedes los vamos a ir a buscar y los vamos a matar uno por uno.

Al colgar esa llamada con un rostro inexpresivo y con el corazón latiendo a su máxima capacidad recordé aquellos horribles tiempos donde las amenazas poco a poco se fueron convirtiendo en promesas por cumplir, aquellos tiempos donde la zozobra era la protagonista de todas las historias que contábamos donde la crueldad de esas personas se iba materializando en eventos trágicos que ensombrecían nuestras vidas, en fin recordé todo lo que nos sucedió antes y sentí como si el mundo descansara sobre mi espalda, porque el peso de una amenaza proveniente de alguien que ya cumplió todas las anteriores no es nada fácil de asimilar con tranquilidad.

Para entonces las denuncias y declaraciones hechas durante y después del secuestro deberían estar surtiendo efecto, no nos quedaba más que confiar en la justicia y esperar que los atraparan para poder regresar a nuestras vidas, pero cuando la espera es demasiada, cada segundo te agobia un poco más y las horas pasan más lento de lo normal creas un calendario en tu mente y vas contando los días uno a uno como tachando con una "x" imaginaria que un día más pasó, pero al final del día revisas los noticieros uno por uno para saber si ya los habían capturado pero la respuesta siempre era un "no", que conjugaba perfectamente con el ambiente de negativismo que se hacía cada vez más evidente dentro de nuestra familia, pues a pesar de ser muy unidos bajo toda esta tensión las relaciones familiares se vuelven muchísimo más complicadas de sobrellevar.

Fueron pasando los días y justo al revisar uno de los noticieros por la mañana apareció una noticia, en el palenque de un poblado cercano hubo una balacera, al parecer la banda del *Ardilla* había materializado una nueva amenaza, esta vez no era en contra de alguno de nuestra familia, pero si de un viejo amigo que estaba allí; cuentan testigos que al filo de la culminación de las actividades en aquel palenque, se escucharon varios disparos, era *el Bomba* cegado por una combinación macabra de ira, estupefacientes y una idiotez que sorprendería a cualquiera. Esto realmente me alarmó, pues si había hecho esto delante de tantas personas no había nada que este tipo no se atreviera a hacer.

Dicen algunos que necesita estar drogado para actuar y algunos otros dicen que es más cobarde de lo que parece, pero esas eran aseveraciones ajenas que ni yo ni ningún miembro de mi familia estaba dispuesto a comprobar, de ese lamentable incidente quedaron heridos el amigo y sus dos hijos. Fueron trasladados al mismo hospital a donde llevaron a mi papá, después del ataque de *la oscura noche*. Después de padecer tanto por causa de los mismos individuos cualquiera se sentiría identificado, tratamos de averiguar qué era lo que había sucedido con nuestro amigo y sus hijos y recibimos la triste noticia de que el mayor había muerto.

Yo tengo dos hijas y puedo asegurar sin el más mínimo temor a equivocarme que el amor más grande y profundo que un ser humano puede sentir es ese que se siente por un hijo, es indescriptible la manera en la que uno cambia cualquier lujo, cualquier cosa, cualquier persona y hasta la misma vida por el bienestar de ellos. Así que no puedo imaginar el dolor tan terrible que se puede sentir cuando alguien te arrebata con tanta violencia lo que más amas en el mundo, realmente esta gente no tiene el menor respeto por la vida de los demás, son como animales hambrientos de sangre inocente… Pero algunas buenas noticias estaban a punto de llegar.

Era una mañana de enero, el frío al que estaba acostumbrado brillaba por su ausencia, pero en medio del calor la mañana era bastante fresca, el rocío había bañado la hierba alrededor de la casa, las flores tenían un perfume especial esa mañana. Yo salí al patio a respirar porque amo la sensación de libertad que provoca respirar mientras la bruma se disipa; en medio de tan poca libertad me caía muy bien hacerlo cuando de pronto suena mi teléfono esta vez era un número conocido, uno de los agentes de la policía que llevaba el caso me llamaba con gran alegría y con una voz fuerte me dijo: _ ¡Amigo! ¡Ya los tenemos! Yo me limité a agradecerle a él por la gran labor individual que había realizado, pues con los pocos recursos que el gobierno provee para que ellos realicen su trabajo, un excelente trabajo.

Mi corazón estaba a mil por hora y por fin algo de justicia se veía venir para nosotros, es que en verdad llega el punto en el que uno piensa que jamás los van a atrapar, que son inmunes a la justicia o lo suficientemente perversos para que jamás los alcance. Corrí hacia donde estaban mis padres y para mi sorpresa no había nadie en casa, ellos también habían salido a tratar de distraerse y no me quedó más que esperarlos para darles la gran noticia, debo reconocer que la noticia no me alegró del todo, ya que habían atrapado solo a una parte de la banda, faltaban algunos por capturar y algunos otros a quienes jamás les giraron una orden de aprensión, siguen libres hasta la fecha.

Luego de tener que tomar valor para volver a casa y con la confianza a medias de saber que ellos estaban presos decidimos tratar de retomar todo lo que nos fuera posible de nuestras vidas. Yo en lo personal empecé por irme a la ciudad de Guatemala a trabajar a otra parte para no estar en la ciudad donde todo ocurrió pero al menos para no estar tan lejos del trabajo porque aunque la situación sea difícil los gastos siguen y los compromisos no dan tregua.

Hay un episodio de toda esta historia que me llama poderosamente la atención, platicando con el policía que los atrapó sale al tema la captura de estos individuos y me cuenta que, al momento de verse perdidos, sin ningún lugar hacia donde escapar lo último que dijo fue: _ ¡Qué me comprueben! Como burlándose de nuevo de la ley y es que me imagino que después de ordenar tantos crímenes sintió que los brazos de la justicia no lo alcanzarían así fue como pretendía jugar el resto de sus cartas, como siempre con ventaja. En la primera audiencia a la que asistimos luego de tomar el valor suficiente para añadirnos como querellantes adhesivos del proceso en lo penal, en que se pretende demostrar que ellos fueron los culpables del secuestro de mi mamá, aparece un abogado defensor diciendo: "si en verdad fuera mi cliente el que aparece en los videos, aquí no hay delito, porque le precede un delito a la acción de estos individuos". Y es que la noche del secuestro mis padres estaban envolviendo en papel periódico unos bultos de un chile muy conocido en mi país llamado "chiltepe", se envuelven en ese papel para que se conserven mejor al momento de refrigerarlos y ellos tomaron esta inocente acción en su beneficio, pues intentaron persuadir al juez de que era algún ilícito. Vaya cinismo el de esta gente, queriendo desviar la atención de su crimen con tan infantil argumento, mis padres son personas honorables y no lo digo yo, lo dice toda una sociedad que conoce a mi familia desde hace décadas, lo dicen los innumerables reconocimientos que yacen en la sala de mi casa con los nombres de mis abuelos, padres y hermana, en fin, esta gente en serio que no conoce los límites del cinismo.

Cinismo que al parecer contagió a cierto juez que en su momento llevaba el caso, pues en una de las audiencias este personaje decidió dejar en libertad al *hombre de cabello blanco*, si aquél que mi madre describe al principio de su relato el cual fue parte importante de la materialización del delito, ya que sin su aporte no hubiera sido posible llevar a cabo el secuestro, él argumentó que no existían pruebas suficientes para involucrarlo en el delito de secuestro y decidió juzgarlo únicamente por encubrimiento cuya pena es menor a 5 años y en las leyes de mi país una pena menor a esa, se puede pagar con dinero.

Duele realmente ver cómo esta gente juega con las leyes a su antojo, duele ver cómo liberan a alguien que evidentemente participó en un delito de alto impacto social y cómo castigan brutalmente a alguien que roba una gallina y no es que yo esté de acuerdo con que roben, pero me da miedo ver cómo la justicia se ensaña con algunos y se hace de la vista gorda con algunos otros, lo bueno es que no todos actúan de la misma manera porque en las audiencias siguientes otro juez decidió que esta persona debe regresar a prisión, pero ya es muy tarde, porque algunos dicen que ya vive en otro país, disfrutando de una libertad que no le corresponde por haber privado de la suya a mi madre.

Las audiencias continuaron, el debate fue un guerra encarnizada donde ambos bandos sacaron sus mejores armas para ganar una a una las batallas y así poder ganar la guerra, hay cosas de las que aún me sorprendo porque al ver todo lo que mi madre tuvo que pasar y luego aún más con cada audiencia, la incomodidad de estar en la misma sala con las personas que tanto daño te causaron a ti y a tu familia me lamento porque no debe ser nada fácil, el simple hecho de tener que pasar la mirada por donde están los acusados y que todas las miradas de odio se dirijan hacia ti ha de ser después del mismo secuestro, una de las peores experiencias que mi madre habrá tenido que vivir.

La justicia

Esta vez, al parecer la justicia se dio cuenta de que la verdad está de nuestro lado y que debe castigar ejemplarmente a quienes osen privar de la libertar a alguien, veo con gran alegría que el Ministerio Publico hace su trabajo de una manera ejemplar y que los fiscales tomaron el caso como propio para lograr esas condenas; veo con alegría cómo las investigaciones de la policía brindaron sus frutos y hoy esta historia, al fin está yendo por el rumbo adecuado veo también cómo los jueces ya no tuvieron actuaciones mediocres y ahora están interpretando la ley en favor de la verdad y están haciendo el papel que deberían jugar en cualquiera que sea el caso que están conociendo.

Estoy realmente feliz porque a todos estos hombres los condenaron a 50 años de prisión por haber herido a mi familia, por haber arrebatado tantos sueños de un tajo y sin la más mínima piedad.

También llena mi vida de felicidad el hecho de que aparte de la condena también se nos brinda seguridad las 24 horas del día, para que estas personas condenadas a pasar la mayor parte del resto de sus vidas tras las rejas no intenten vengarse, porque por increíble que parezca ahora resulta que ellos son las víctimas de un sistema de justicia que favorece a mi madre y no, no es así existen pruebas de la brutalidad de los golpes físicos que sufrió durante su cautiverio también existen pruebas de todo el maltrato psicológico sufrido y las secuelas que este provocó en la vida futura de todos los miembros de mi familia; existen pruebas en vídeo, físicas como el automóvil que los secuestradores abandonaron en el lugar de los hechos y que desde mi perspectiva es la prueba reina que demuestra fehacientemente la participación del *Ardilla* en todo esto, en fin… todo esto que escribo en este último capítulo solo es un sueño o quizá la manifestación de mi subconsciente al anhelar que esto fuera realidad, que se ve reflejada en este sueño que tuve cierta noche, pero cómo quisiera que este sueño se hiciera realidad, cómo quisiera que castigaran a estas personas y que nuestra vida fuera plena y feliz.

Tan sólo me queda hacer un llamado desesperado a las autoridades responsables de impartir justicia, para que este texto sea interpretado como una respetuosa súplica de imparcialidad para que este acto cobarde no quede en la impunidad y así sentar un precedente que en el futuro pueda brindar a todos nosotros una mejor calidad de vida, porque los Guatemaltecos no queremos que nos regalen nada, solo pedimos que nos dejen trabajar con la certeza de que nadie nos va a arrebatar lo que con tanto esfuerzo conseguimos día a día, que nuestras familias estén seguras, con salud y educación de calidad y sobre todo que se cumpla el Título Primero de la Constitución Política de la Republica de Guatemala que dice así:

TÍTULO I LA PERSONA HUMANA, FINES Y DEBERES DEL ESTADO CAPÍTULO ÚNICO

Artículo 1.- Protección a la Persona. El Estado de Guatemala se organiza para proteger a la persona y a la familia; su fin supremo es la realización del bien común.

Artículo 2.- Deberes del Estado. Es deber del Estado garantizarle a los habitantes de la República la vida, la libertad, la justicia, la seguridad, la paz y el desarrollo integral de la persona.

Ya que si el Estado no es capaz de cumplir con esto realmente es un Estado fallido.

FIN...

Índice

9 789929 787933